This book belongs to

_____

_____

_____

TABLE OF CONTENTS

PRODUCTION TITLE	PAGE
PRODUCTION TITLE	

TABLE OF CONTENTS

PRODUCTION TITLE	PAGE
PRODUCTION TITLE	PAGE

PRODUCTION: _____ DATE: _____

SCENE: _____ PAGE _____ OF _____

1	2	3	4
5	6	7	8
9	10	11	12
13	14	15	16
17	18	19	20
21	22	23	24

1	2	3	4
5	6	7	8
9	10	11	12
13	14	15	16
17	18	19	20
21	22	23	24

PRODUCTION: _ DATE: _ _ _ _ _ _ _ _ _ _ _

SCENE: _ PAGE _ _ _ _ _ OF _ _ _ _ _

1	2	3	4
5	6	7	8
9	10	11	12
13	14	15	16
17	18	19	20
21	22	23	24

1	2	3	4
5	6	7	8
9	10	11	12
13	14	15	16
17	18	19	20
21	22	23	24

1	2	3	4
5	6	7	8
9	10	11	12
13	14	15	16
17	18	19	20
21	22	23	24

1	2	3	4
5	6	7	8
9	10	11	12
13	14	15	16
17	18	19	20
21	22	23	24

PRODUCTION: _____ DATE: _____

SCENE: _____ PAGE _____ OF _____

1	2	3	4
5	6	7	8
9	10	11	12
13	14	15	16
17	18	19	20
21	22	23	24

1	2	3	4
5	6	7	8
9	10	11	12
13	14	15	16
17	18	19	20
21	22	23	24

PRODUCTION: _____ DATE: _____

SCENE: _____ PAGE _____ OF _____

1	2	3	4
5	6	7	8
9	10	11	12
13	14	15	16
17	18	19	20
21	22	23	24

PRODUCTION: _   DATE: _ _ _ _ _ _ _ _ _ _ _

SCENE: _   PAGE _ _ _ _ _ OF _ _ _ _ _   (10)

1	2	3	4
5	6	7	8
9	10	11	12
13	14	15	16
17	18	19	20
21	22	23	24

PRODUCTION: _ DATE: _ _ _ _ _ _ _ _ _ _ _ _

SCENE: _ PAGE _ _ _ _ OF _ _ _ _ _

1	2	3	4
5	6	7	8
9	10	11	12
13	14	15	16
17	18	19	20
21	22	23	24

1	2	3	4
5	6	7	8
9	10	11	12
13	14	15	16
17	18	19	20
21	22	23	24

PRODUCTION: _   DATE:_ _ _ _ _ _ _ _ _ _ _ _

SCENE: _   PAGE_ _ _ _ OF _ _ _ _

1	2	3	4
5	6	7	8
9	10	11	12
13	14	15	16
17	18	19	20
21	22	23	24

PRODUCTION: _   DATE: _ _ _ _ _ _ _ _ _ _ _

SCENE: _   PAGE _ _ _ _ _ OF _ _ _ _ _   (14)

1	2	3	4
5	6	7	8
9	10	11	12
13	14	15	16
17	18	19	20
21	22	23	24

PRODUCTION: _____   DATE: _____

SCENE: _____   PAGE _____ OF _____

1	2	3	4
5	6	7	8
9	10	11	12
13	14	15	16
17	18	19	20
21	22	23	24

1	2	3	4
5	6	7	8
9	10	11	12
13	14	15	16
17	18	19	20
21	22	23	24

PRODUCTION: _   DATE: _ _ _ _ _ _ _ _ _ _ _ _

SCENE: _   PAGE _ _ _ _ OF _ _ _ _ _

1	2	3	4
5	6	7	8
9	10	11	12
13	14	15	16
17	18	19	20
21	22	23	24

1	2	3	4
5	6	7	8
9	10	11	12
13	14	15	16
17	18	19	20
21	22	23	24

PRODUCTION: _   DATE:_ _ _ _ _ _ _ _ _ _ _

SCENE: _   PAGE_ _ _ _ _ OF _ _ _ _ _

1	2	3	4
5	6	7	8
9	10	11	12
13	14	15	16
17	18	19	20
21	22	23	24

1	2	3	4

5	6	7	8

9	10	11	12

13	14	15	16

17	18	19	20

21	22	23	24

PRODUCTION: _   DATE: _ _ _ _ _ _ _ _ _ _ _

SCENE: _   PAGE _ _ _ _ _ OF _ _ _ _ _

1	2	3	4
5	6	7	8
9	10	11	12
13	14	15	16
17	18	19	20
21	22	23	24

PRODUCTION: _ DATE: _ _ _ _ _ _ _ _ _ _ _

SCENE: _ PAGE _ _ _ _ _ OF _ _ _ _ _   (22)

1	2	3	4
5	6	7	8
9	10	11	12
13	14	15	16
17	18	19	20
21	22	23	24

PRODUCTION: _   DATE:_ _ _ _ _ _ _ _ _ _

SCENE: _   PAGE_ _ _ _ _ OF _ _ _ _ _

1	2	3	4
5	6	7	8
9	10	11	12
13	14	15	16
17	18	19	20
21	22	23	24

1	2	3	4
5	6	7	8
9	10	11	12
13	14	15	16
17	18	19	20
21	22	23	24

PRODUCTION: _____ DATE: _____

SCENE: _____ PAGE _____ OF _____

1	2	3	4
5	6	7	8
9	10	11	12
13	14	15	16
17	18	19	20
21	22	23	24

1	2	3	4

5	6	7	8

9	10	11	12

13	14	15	16

17	18	19	20

21	22	23	24

PRODUCTION: _____ DATE: _____

SCENE: _____ PAGE _____ OF _____

1	2	3	4
5	6	7	8
9	10	11	12
13	14	15	16
17	18	19	20
21	22	23	24

PRODUCTION: _ DATE: _ _ _ _ _ _ _ _ _ _

SCENE: _ PAGE _ _ _ _ _ OF _ _ _ _ _   (28)

1	2	3	4
5	6	7	8
9	10	11	12
13	14	15	16
17	18	19	20
21	22	23	24

PRODUCTION: _   DATE: _ _ _ _ _ _ _ _ _ _ _

SCENE: _   PAGE _ _ _ _ OF _ _ _ _ _

1	2	3	4
5	6	7	8
9	10	11	12
13	14	15	16
17	18	19	20
21	22	23	24

1	2	3	4
5	6	7	8
9	10	11	12
13	14	15	16
17	18	19	20
21	22	23	24

PRODUCTION: _____ DATE: _____

SCENE: _____ PAGE _____ OF _____

| 1 | 2 | 3 | 4 |

| 5 | 6 | 7 | 8 |

| 9 | 10 | 11 | 12 |

| 13 | 14 | 15 | 16 |

| 17 | 18 | 19 | 20 |

| 21 | 22 | 23 | 24 |

1	2	3	4
5	6	7	8
9	10	11	12
13	14	15	16
17	18	19	20
21	22	23	24

PRODUCTION: _____   DATE: _____
SCENE: _____   PAGE _____ OF _____

1	2	3	4
5	6	7	8
9	10	11	12
13	14	15	16
17	18	19	20
21	22	23	24

1	2	3	4

5	6	7	8

9	10	11	12

13	14	15	16

17	18	19	20

21	22	23	24

PRODUCTION: _

SCENE: _

DATE: _ _ _ _ _ _ _ _ _ _

PAGE _ _ _ _ _ OF _ _ _ _ _

1	2	3	4
5	6	7	8
9	10	11	12
13	14	15	16
17	18	19	20
21	22	23	24

1	2	3	4
5	6	7	8
9	10	11	12
13	14	15	16
17	18	19	20
21	22	23	24

PRODUCTION: _____ DATE: _____

SCENE: _____ PAGE _____ OF _____

1	2	3	4
5	6	7	8
9	10	11	12
13	14	15	16
17	18	19	20
21	22	23	24

1	2	3	4
5	6	7	8
9	10	11	12
13	14	15	16
17	18	19	20
21	22	23	24

PRODUCTION: _____ DATE: _____

SCENE: _____ PAGE _____ OF _____

39

1

2

3

4

5

6

7

8

9

10

11

12

13

14

15

16

17

18

19

20

21

22

23

24

1	2	3	4
5	6	7	8
9	10	11	12
13	14	15	16
17	18	19	20
21	22	23	24

PRODUCTION: _____ DATE: _____

SCENE: _____ PAGE _____ OF _____

1	2	3	4
5	6	7	8
9	10	11	12
13	14	15	16
17	18	19	20
21	22	23	24

PRODUCTION: _ DATE: _ _ _ _ _ _ _ _ _ _ _

SCENE: _ PAGE _ _ _ _ _ OF _ _ _ _ _   42

1	2	3	4
5	6	7	8
9	10	11	12
13	14	15	16
17	18	19	20
21	22	23	24

PRODUCTION: _   DATE: _ _ _ _ _ _ _ _ _ _ _

SCENE: _   PAGE _ _ _ _ _ OF _ _ _ _ _

1	2	3	4
5	6	7	8
9	10	11	12
13	14	15	16
17	18	19	20
21	22	23	24

1	2	3	4
5	6	7	8
9	10	11	12
13	14	15	16
17	18	19	20
21	22	23	24

PRODUCTION: _

SCENE: _

DATE: _ _ _ _ _ _ _ _ _ _ _ _

PAGE _ _ _ _ _ OF _ _ _ _ _

1	2	3	4
5	6	7	8
9	10	11	12
13	14	15	16
17	18	19	20
21	22	23	24

PRODUCTION: _ DATE: _ _ _ _ _ _ _ _ _ _

SCENE: _ PAGE _ _ _ _ _ OF _ _ _ _ _   (46)

1	2	3	4
5	6	7	8
9	10	11	12
13	14	15	16
17	18	19	20
21	22	23	24

PRODUCTION: _   DATE: _ _ _ _ _ _ _ _ _ _

SCENE: _   PAGE _ _ _ _ OF _ _ _ _

1	2	3	4
5	6	7	8
9	10	11	12
13	14	15	16
17	18	19	20
21	22	23	24

1	2	3	4
5	6	7	8
9	10	11	12
13	14	15	16
17	18	19	20
21	22	23	24

PRODUCTION: _   DATE: _ _ _ _ _ _ _ _ _ _

SCENE: _   PAGE _ _ _ _ OF _ _ _ _

1	2	3	4
5	6	7	8
9	10	11	12
13	14	15	16
17	18	19	20
21	22	23	24

1	2	3	4
5	6	7	8
9	10	11	12
13	14	15	16
17	18	19	20
21	22	23	24

PRODUCTION: _   DATE: _ _ _ _ _ _ _ _ _ _ _

SCENE: _   PAGE _ _ _ _ OF _ _ _ _

1	2	3	4
5	6	7	8
9	10	11	12
13	14	15	16
17	18	19	20
21	22	23	24

1	2	3	4
5	6	7	8
9	10	11	12
13	14	15	16
17	18	19	20
21	22	23	24

PRODUCTION: _____ DATE: _____

SCENE: _____ PAGE _____ OF _____

1	2	3	4
5	6	7	8
9	10	11	12
13	14	15	16
17	18	19	20
21	22	23	24

PRODUCTION: _   DATE:_ _ _ _ _ _ _ _ _ _ _ _

SCENE: _   PAGE_ _ _ _ _ OF _ _ _ _ _   (54)

1	2	3	4
5	6	7	8
9	10	11	12
13	14	15	16
17	18	19	20
21	22	23	24

PRODUCTION: _   DATE: _ _ _ _ _ _ _ _ _

SCENE: _   PAGE _ _ _ _ OF _ _ _ _

1	2	3	4
5	6	7	8
9	10	11	12
13	14	15	16
17	18	19	20
21	22	23	24

1	2	3	4
5	6	7	8
9	10	11	12
13	14	15	16
17	18	19	20
21	22	23	24

PRODUCTION: _ DATE: _ _ _ _ _ _ _ _ _ _ _

SCENE: _ PAGE _ _ _ _ OF _ _ _ _ _

1	2	3	4
5	6	7	8
9	10	11	12
13	14	15	16
17	18	19	20
21	22	23	24

PRODUCTION: _

SCENE: _

DATE: _ _ _ _ _ _ _ _ _ _ _ _ _

PAGE _ _ _ _ _ OF _ _ _ _ _

(58)

1	2	3	4
5	6	7	8
9	10	11	12
13	14	15	16
17	18	19	20
21	22	23	24

PRODUCTION: _ DATE: _ _ _ _ _ _ _ _ _ _

SCENE: _ PAGE _ _ _ _ OF _ _ _ _

1	2	3	4
5	6	7	8
9	10	11	12
13	14	15	16
17	18	19	20
21	22	23	24

1	2	3	4
5	6	7	8
9	10	11	12
13	14	15	16
17	18	19	20
21	22	23	24

PRODUCTION: _____ DATE: _____

SCENE: _____ PAGE _____ OF _____

1	2	3	4
5	6	7	8
9	10	11	12
13	14	15	16
17	18	19	20
21	22	23	24

PRODUCTION: _ DATE: _ _ _ _ _ _ _ _ _ _ _

SCENE: _ PAGE _ _ _ _ OF _ _ _ _ _   (62)

1	2	3	4
5	6	7	8
9	10	11	12
13	14	15	16
17	18	19	20
21	22	23	24

PRODUCTION: _   DATE: _ _ _ _ _ _ _ _ _ _

SCENE: _   PAGE _ _ _ _ _ OF _ _ _ _ _

1	2	3	4
5	6	7	8
9	10	11	12
13	14	15	16
17	18	19	20
21	22	23	24

PRODUCTION: _____ DATE: _____

SCENE: _____ PAGE _____ OF _____

1

2

3

4

5

6

7

8

9

10

11

12

13

14

15

16

17

18

19

20

21

22

23

24

PRODUCTION: _   DATE: _ _ _ _ _ _ _ _ _ _

SCENE: _   PAGE _ _ _ _ OF _ _ _ _

1	2	3	4
5	6	7	8
9	10	11	12
13	14	15	16
17	18	19	20
21	22	23	24

1	2	3	4
5	6	7	8
9	10	11	12
13	14	15	16
17	18	19	20
21	22	23	24

PRODUCTION: _____ DATE: _____

67 SCENE: _____ PAGE ____ OF ____

1	2	3	4
5	6	7	8
9	10	11	12
13	14	15	16
17	18	19	20
21	22	23	24

1	2	3	4
5	6	7	8
9	10	11	12
13	14	15	16
17	18	19	20
21	22	23	24

PRODUCTION: _   DATE: _ _ _ _ _ _ _ _ _ _ _

SCENE: _   PAGE _ _ _ _ _ OF _ _ _ _ _

1	2	3	4
5	6	7	8
9	10	11	12
13	14	15	16
17	18	19	20
21	22	23	24

PRODUCTION: _ DATE: _ _ _ _ _ _ _ _ _ _ _

SCENE: _ PAGE _ _ _ _ OF _ _ _ _ _   (70)

1	2	3	4
5	6	7	8
9	10	11	12
13	14	15	16
17	18	19	20
21	22	23	24

PRODUCTION: _____   DATE: _____

SCENE: _____   PAGE _____ OF _____

1	2	3	4
5	6	7	8
9	10	11	12
13	14	15	16
17	18	19	20
21	22	23	24

PRODUCTION: _   DATE: _ _ _ _ _ _ _ _ _ _ _ _

SCENE: _   PAGE _ _ _ _ _ OF _ _ _ _ _   (72)

1	2	3	4
5	6	7	8
9	10	11	12
13	14	15	16
17	18	19	20
21	22	23	24

PRODUCTION: _____ DATE: _____

SCENE: _____ PAGE _____ OF _____

1	2	3	4
5	6	7	8
9	10	11	12
13	14	15	16
17	18	19	20
21	22	23	24

1	2	3	4
5	6	7	8
9	10	11	12
13	14	15	16
17	18	19	20
21	22	23	24

PRODUCTION: _   DATE: _ _ _ _ _ _ _ _ _ _

SCENE: _   PAGE _ _ _ _ _ OF _ _ _ _ _

1	2	3	4
5	6	7	8
9	10	11	12
13	14	15	16
17	18	19	20
21	22	23	24

1	2	3	4
5	6	7	8
9	10	11	12
13	14	15	16
17	18	19	20
21	22	23	24

PRODUCTION: _____ DATE: _____

SCENE: _____ PAGE _____ OF _____

1	2	3	4
5	6	7	8
9	10	11	12
13	14	15	16
17	18	19	20
21	22	23	24

1	2	3	4
5	6	7	8
9	10	11	12
13	14	15	16
17	18	19	20
21	22	23	24

PRODUCTION: _   DATE: _ _ _ _ _ _ _ _ _ _

SCENE: _   PAGE _ _ _ _ OF _ _ _ _ _

1	2	3	4
5	6	7	8
9	10	11	12
13	14	15	16
17	18	19	20
21	22	23	24

1	2	3	4
5	6	7	8
9	10	11	12
13	14	15	16
17	18	19	20
21	22	23	24

PRODUCTION: _____ DATE:_____

SCENE: _____ PAGE_____ OF _____

1	2	3	4
5	6	7	8
9	10	11	12
13	14	15	16
17	18	19	20
21	22	23	24

PRODUCTION: _

SCENE: _

DATE: _ _ _ _ _ _ _ _ _ _ _

PAGE _ _ _ _ OF _ _ _ _ _   (82)

1	2	3	4
5	6	7	8
9	10	11	12
13	14	15	16
17	18	19	20
21	22	23	24

PRODUCTION: _____ DATE: _____

SCENE: _____ PAGE _____ OF _____

1	2	3	4
5	6	7	8
9	10	11	12
13	14	15	16
17	18	19	20
21	22	23	24

1	2	3	4
5	6	7	8
9	10	11	12
13	14	15	16
17	18	19	20
21	22	23	24

PRODUCTION: _   DATE: _ _ _ _ _ _ _ _ _ _ _

SCENE: _   PAGE _ _ _ _ OF _ _ _ _

1	2	3	4
5	6	7	8
9	10	11	12
13	14	15	16
17	18	19	20
21	22	23	24

1	2	3	4
5	6	7	8
9	10	11	12
13	14	15	16
17	18	19	20
21	22	23	24

PRODUCTION: _ DATE: _ _ _ _ _ _ _ _ _ _

SCENE: _ PAGE _ _ _ _ OF _ _ _ _

1	2	3	4
5	6	7	8
9	10	11	12
13	14	15	16
17	18	19	20
21	22	23	24

1	2	3	4
5	6	7	8
9	10	11	12
13	14	15	16
17	18	19	20
21	22	23	24

PRODUCTION: _____   DATE: _____

SCENE: _____   PAGE _____ OF _____

1	2	3	4
5	6	7	8
9	10	11	12
13	14	15	16
17	18	19	20
21	22	23	24

PRODUCTION: _ DATE: _ _ _ _ _ _ _ _ _ _

SCENE: _ PAGE _ _ _ _ OF _ _ _ _ _   (90)

1	2	3	4
5	6	7	8
9	10	11	12
13	14	15	16
17	18	19	20
21	22	23	24

PRODUCTION: _   DATE: _ _ _ _ _ _ _ _ _ _

SCENE: _   PAGE _ _ _ _ OF _ _ _ _ _

1	2	3	4
5	6	7	8
9	10	11	12
13	14	15	16
17	18	19	20
21	22	23	24

1	2	3	4
5	6	7	8
9	10	11	12
13	14	15	16
17	18	19	20
21	22	23	24

PRODUCTION: _ DATE: _ _ _ _ _ _ _ _ _ _ _

SCENE: _ PAGE _ _ _ _ _ OF _ _ _ _ _

1	2	3	4
5	6	7	8
9	10	11	12
13	14	15	16
17	18	19	20
21	22	23	24

1	2	3	4
5	6	7	8
9	10	11	12
13	14	15	16
17	18	19	20
21	22	23	24

PRODUCTION: _ DATE: _ _ _ _ _ _ _ _ _ _

SCENE: _ PAGE _ _ _ _ _ OF _ _ _ _ _

1	2	3	4
5	6	7	8
9	10	11	12
13	14	15	16
17	18	19	20
21	22	23	24

1	2	3	4
5	6	7	8
9	10	11	12
13	14	15	16
17	18	19	20
21	22	23	24

PRODUCTION: _____ DATE: _____

SCENE: _____ PAGE _____ OF _____

1	2	3	4
5	6	7	8
9	10	11	12
13	14	15	16
17	18	19	20
21	22	23	24

PRODUCTION: _   DATE: _ _ _ _ _ _ _ _ _ _ _ _ _

SCENE: _   PAGE _ _ _ _ OF _ _ _ _ _   (98)

1	2	3	4
5	6	7	8
9	10	11	12
13	14	15	16
17	18	19	20
21	22	23	24

PRODUCTION: _

SCENE: _

DATE: _ _ _ _ _ _ _ _ _ _ _

PAGE _ _ _ _ _ OF _ _ _ _ _

1	2	3	4
5	6	7	8
9	10	11	12
13	14	15	16
17	18	19	20
21	22	23	24

1

2

3

4

5

6

7

8

9

10

11

12

13

14

15

16

17

18

19

20

21

22

23

24

PRODUCTION: _ DATE: _ _ _ _ _ _ _ _ _ _

SCENE: _ PAGE _ _ _ _ OF _ _ _ _

1	2	3	4
5	6	7	8
9	10	11	12
13	14	15	16
17	18	19	20
21	22	23	24

PRODUCTION: _   DATE: _ _ _ _ _ _ _ _ _ _ _

SCENE: _   PAGE _ _ _ _ _ OF _ _ _ _ _   (102)

1	2	3	4
5	6	7	8
9	10	11	12
13	14	15	16
17	18	19	20
21	22	23	24

PRODUCTION: _

SCENE: _

DATE: _ _ _ _ _ _ _ _ _ _

PAGE _ _ _ _ _ OF _ _ _ _ _

1	2	3	4
5	6	7	8
9	10	11	12
13	14	15	16
17	18	19	20
21	22	23	24

PRODUCTION: _   DATE:_ _ _ _ _ _ _ _ _ _ _

SCENE: _   PAGE_ _ _ _ _ OF _ _ _ _ _   (104)

1	2	3	4
5	6	7	8
9	10	11	12
13	14	15	16
17	18	19	20
21	22	23	24

PRODUCTION: _ DATE: _ _ _ _ _ _ _ _ _ _

SCENE: _ PAGE _ _ _ _ OF _ _ _ _

1	2	3	4
5	6	7	8
9	10	11	12
13	14	15	16
17	18	19	20
21	22	23	24

PRODUCTION: _   DATE: _ _ _ _ _ _ _ _ _ _ _

SCENE: _   PAGE _ _ _ _ _ OF _ _ _ _ _   106

1	2	3	4
5	6	7	8
9	10	11	12
13	14	15	16
17	18	19	20
21	22	23	24

PRODUCTION: _   DATE: _ _ _ _ _ _ _ _ _

SCENE: _   PAGE _ _ _ _ OF _ _ _ _

1	2	3	4
5	6	7	8
9	10	11	12
13	14	15	16
17	18	19	20
21	22	23	24

1	2	3	4
5	6	7	8
9	10	11	12
13	14	15	16
17	18	19	20
21	22	23	24

PRODUCTION: _ DATE: _ _ _ _ _ _ _ _ _ _

SCENE: _ PAGE _ _ _ _ OF _ _ _ _

1	2
3	4
5	6
7	8
9	10
11	12
13	14
15	16
17	18
19	20
21	22
23	24

1	2	3	4
5	6	7	8
9	10	11	12
13	14	15	16
17	18	19	20
21	22	23	24

PRODUCTION: _____   DATE: _____

SCENE: _____   PAGE _____ OF _____

1	2	3	4
5	6	7	8
9	10	11	12
13	14	15	16
17	18	19	20
21	22	23	24

1	2	3	4
5	6	7	8
9	10	11	12
13	14	15	16
17	18	19	20
21	22	23	24

PRODUCTION: _   DATE: _ _ _ _ _ _ _ _ _ _

SCENE: _   PAGE _ _ _ _ _ OF _ _ _ _ _

1	2	3	4
5	6	7	8
9	10	11	12
13	14	15	16
17	18	19	20
21	22	23	24

PRODUCTION: _ DATE:_ _ _ _ _ _ _ _ _ _

SCENE: _ PAGE_ _ _ _ OF _ _ _ _ _   (114)

1	2	3	4
5	6	7	8
9	10	11	12
13	14	15	16
17	18	19	20
21	22	23	24

PRODUCTION: _   DATE: _ _ _ _ _ _ _ _ _ _

SCENE: _   PAGE _ _ _ _ _ OF _ _ _ _ _

1	2	3	4
5	6	7	8
9	10	11	12
13	14	15	16
17	18	19	20
21	22	23	24

1	2	3	4
5	6	7	8
9	10	11	12
13	14	15	16
17	18	19	20
21	22	23	24

PRODUCTION: _   DATE: _ _ _ _ _ _ _ _ _ _ _

SCENE: _   PAGE _ _ _ _ OF _ _ _ _

1	2	3	4
5	6	7	8
9	10	11	12
13	14	15	16
17	18	19	20
21	22	23	24

Printed in Great Britain
by Amazon

34149850R00071